여수시인, 임빛나리/ 임해량 특선시집

눈물로 쓴 시집

눈물 뼈로 쓴 시,
상처 꽃 치유 일으키니

도서출판 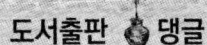 댕글

서문
◆ 시집을 내면서

여수시인, 임빛나리/ 임해량

처음 시를 쓰기 시작했을 때, 저는 시인이 되었다는 이름이나 자부심보다도 제 글이 누군가의 마음을 어루만지고 위로할 수 있기를 바랐습니다. 제 삶 또한 깊은 상처와 아픔으로 얼룩져 있었고, 그 과정에서 수많은 눈물과 고통을 지나왔기 때문입니다.

제가 시인이 되기 전, 다른 이들의 수많은 시와 글을 읽으며 제 마음의 상처가 조금씩 치유되고 따뜻한 위로를 받았던 기억이 있습니다. 그 경험은 제게 문학의 힘을 일깨워 주었고, 언젠가 나 또한 누군가에게 그런 위로가 되는 글을 쓰고 싶다는 소망을 품게 했습니다.

그렇게 시작된 제 시 쓰기는 단순한 기록이 아니라 제 삶의 가장 아픈 자리를 지나온 흔적이었고, 동시에 다시 일어나게 하는 힘이었습니다. 그 힘을 이제는 독자 여러분과 나누고자 이 시집을 세상에 내놓습니다.

제 첫 번째 시집인 『내 마음 아시는 당신』에 이어 두 번째 시집인 『눈물로 쓴 시집』을 용기 있게 발표하게 되었습니다.

『눈물로 쓴 시집』은 제 눈물로 길어 올린 언어들의 모음입니다. 제 눈물에서 길어 올린 언어들이지만, 동시에 우리 모두의 마음 깊은 곳에서 흘러나온 눈물이기도 합니다. 이 책이 독자의 삶 속에서 작은 공감과 따뜻한 위로가 되기를 바랍니다.

저 또한 모든 이들의 눈물을 닦아줄 수 있는 시인이 되기를 간절히 바라며, 독자 여러분의 마음속에도 작은 평안과 따뜻한 위로가 자리하기를 소망합니다.

축사
◆ 『눈물로 쓴 시집』 출간을 축하하며

작가/ 안명기

　시(詩)는 인간의 가장 깊은 내면에서 흘러나오는 진실한 언어입니다. 이번에 새로 출간된 『눈물로 쓴 시집』은 바로 그 시어 하나하나가 모여 가장 순수한 형태로 빛을 발하는 작품집이라 할 수 있습니다. 눈물은 슬픔의 상징이자 동시에 치유의 시작입니다.

　그러한 면에서 임해량 시인은 자신의 삶 속에서 겪은 고통과 눈물을 가슴 깊이 새기며, 그것을 시라는 형식 속에 녹여냈습니다. 이 시집은 단순한 감정의 토로가 아니라, 독자 한 사람 한 사람의 상처를 비추는 거울이자, 고통을 넘어서는 희망의 언어입니다.

　이 시집 속의 시어들은 고단한 삶을 살아가는 이들에게 따스한 손길이 되어 다가갈 것입니다. 이 시를 감상하는 독자들은 임해량 시인의 눈물이 곧 자신의 눈물임을 깨닫고, 동시에 그 눈물 속에 피어나는 위로 속에서 새로운 희망을 발견하게 될 것입니다.

문학은 인간을 구원하는 힘을 지니고 있습니다. 『눈물로 쓴 시집』은 그냥 시집이 아니라 그 힘을 증명하는 하나의 증언이며, 동시에 앞으로의 길을 밝혀주는 등불이 될 것입니다.

이 귀한 시집의 출간을 축하드리며, 독자들 모두가 이 시집을 통해 가슴속 깊은 치유와 평안을 얻기를 바라며, 일독을 권합니다.

contents

002/ 서문// 임빛나리/ 임해량
004/ 축사// 작가/ 안명기

제 1 부

014/ 눈물로 쓴 시집
015/ 뒤 안 기도
016/ 너는 만인의 스승
017/ 눈물
018/ 길
019/ 순정 하나인데
020/ 기도하는 꽃
021/ 눈물이 있는 사람
022/ 삶의 몫
023/ 대가 없는 사랑 노래
024/ 등대
025/ 어머니 미움의 노래
026/ 꽃의 승리
028/ 새벽 종소리
029/ 엄마 꽃 정 가락
030/ 큰딸 목단 기다림
032/ 내 안에 사랑 꽃

제 2 부

034/ 무조건적 사랑
036/ 첫눈 같은 손자
037/ 가을 하늘 오를 수 있다는 생각
038/ 물 사랑
039/ 불꽃
040/ 져야 승자
041/ 미안했다
042/ 사과꽃 이해
043/ 우리 만남
044/ 가을 남자의 병
045/ 시월의 여자는
046/ 시월의 사랑
047/ 안개꽃 찬미
048/ 홍시 우정
050/ 싹 난 지팡이
051/ 강의 도량
052/ 여수 대교에 와보소

제 3 부

054/ 이대로의 나
056/ 여수 대교의 약속
057/ 꿈의 둥지
058/ 이루어질 수 없는 사랑
059/ 그때 장날
060/ 고등어 이유
061/ 사랑의 꽃등
062/ 그녀는 백합이었다고
064/ 개 꽃
065/ 해당화 사연
066/ 연꽃 순종
067/ 대나무
068/ 꽃비 감옥
069/ 추풍낙엽
070/ 담쟁이 한계
072/ 나의 가난함이
073/ 국화 화병

제 4 부

076/ 달맞이꽃 아픈 풋사랑
078/ 별꽃 이야기
079/ 황혼의 로맨스
080/ 흔들리는 마음
081/ 가을 여자 여행
082/ 꽁꽁 묶어 보내는 따끈한 시
083/ 조국의 별 노래
084/ 나무 천년 노래
085/ 삶과 죽음의 방정식
086/ 무지개
088/ 탱자 친구 사랑
090/ 사랑의 퍼즐 맞추기
091/ 팔월 밤바다
092/ 팔월 노을
093/ 연보랏빛 사과꽃 아가씨
094/ 목련화 엄마의 기도
095/ 삼월 비

제 5 부

098/ 삼월 눈비와 꽃샘바람
099/ 수선화 기다림
100/ 합심의 편지(천 개의 빛)
102/ 봄 처녀
103/ 벚꽃 인연
104/ 신발 여정
106/ 친구야
107/ 화가와 시인의 풍경
108/ 가난한 자에게 임하는 꽃 시
109/ 말대로 된다고
110/ 몰살하는 아카시아
111/ 아버지 바다
112/ 선인장 승하
113/ 꽃과 사람
114/ 개나리 연가
115/ 추석 사연
116/ 구월아 안녕

제 6 부

118/ 조화 꽃 위로
119/ 댓잎 이야기
120/ 구월산 풍경
121/ 그릇 의미
122/ 도의 한계
123/ 영혼이 맑은 동아리
124/ 어머니의 품
125/ 벚꽃 비의 팝콘 사랑
126/ 소중함의 의미
127/ 일등 꽃 장미
128/ 언니 해당화 강
129/ 비의 정원
130/ 눈물의 씨앗이 이룬 강
131/ 첫사랑 키스 자국
132/ 새벽 은하수
134/ 나는 오늘

제 1 부

눈물로 쓴 시집

언젠가 이루어질 날기다 리다
굴곡진 인생길에 연필 동강 나
　　- 눈물로 쓴 시집 중에서

눈물로 쓴 시집

눈물 짙게 빻아 간 붓으로 쓴 시집
책갈피 페이지마다 삶 물들고
시련을 이긴 시 우리들의 책 속의
소소한 일기 한 줌 한 줌 소중해

언젠가 이루어질 날 기다리다
굴곡진 인생길에 연필 동강 나

빼곡히 담긴 시집 더 나은
쪽으로 끌어내니

길 잃어 헤매는 방황의 영혼들
글귀에 맺힌 눈물 받아먹으니
안개 덮힌 어두운 눈 치유 일으키네,

뒤 안 기도

항상 그늘에 떨고 있어 기죽은 동무꽃 위해
천둥도 비도 비껴가길 두 손 모으는 너

너는 나를 보고 있지 않아도
나는 너의 일기 매일 그리고 있으니
슬픔 한 잎 한 잎 물든 것들의
소나기 스쳐간다

가엾이 흔들리던 이슬 꽃
세드는 쪽빛에 젖은 옷 말리니
무릎에 꽃잎 다 흩날려도
뒤 안 따뜻하다

너는 만인의 스승

가슴으로 쓴 시집 책갈피 펴니
쓰러진 자 눈을 떠 희망 날개 달아
하늘을 몇 바퀴 돌고
지는 해에도 꽃잎 혈색 그대로
남아있어 웃음꽃 눈물 말려주네.

고난 끝에 숨겨진 비젼
날아가는 시간 붙잡으니
모진 사연 행복으로 바꾼
새 창의에 신간 신비해라

아픔이 빼곡히 담긴 인생 시
신기루 여행에 보따리 풀수록
보석 우르르 쏟아져

가난한 자 모여들고 서러운 자
회복되고
너는 만인의 스승!
깊은 사모의 눈 뜨이고!

눈물

눈물 누가 지었을까?
뿌리까지 마르지 않아
샘이 되어 나눠줬다

눈물이 많으면 축축해서
누울 자리 없다던 그녀의 눈도
온통 물바다였는데

비 개인 가을 하늘 올려다보니
참 맑다

구름도 쏟아내니 홀가분 한가봐
저리 고운 빛들이 강을 건너게

너와 해후할 이날을 위해
눈물 견뎠나 봐
눈물 닦아준 친구 웃음 날리고

길

내 길은 돌부리가 뾰족하고
잡풀이 덮여 있어 앞 보이지 않아
뽑고 파괴하며 갔다

길 험해 방황 속에서 서로 맞잡을 손
있다는 것,
새로운 힘의 역사라 댓잎처럼 푸르고

가다가 가시밭길에 갇힌 이여
그 길 찌르고 아파 피눈물 흐를 때
헤쳐 나와 보렴!

산을 잇는 능선같이 강한 팔
비틀거리는 허리 받쳐줘
힘차게 내려오리니

봄꽃 설렘에 희망의 길 환희 드러나
어깨 안고 가는 손
부은 발 만진다.

순정 하나인데

오수에 달빛 내려왔다고
놀러 가잔다

여기도 눈 저기도 눈
달빛 힘들겠다

순정 하나인데
쪼개는 가슴이여

용기 있는 자 차지하니
잔잔한 빛 출렁이고

기도하는 꽃

별을 사모한 꽃 닿을 수 없는
먼 먼 사랑 그리움으로 물결쳐
미움도 매정함도 이기고 피는 꽃

냉대한 별에 이별을 예고한 꽃
원망 날리고
밤비에 울던 꽃 아픔 내려놓고
이제 떠나야 할 시간

꽃의 순수 깨닫지 못한 별
그의 여행에 행운이었던
인연의 진실 가려줘

꽃 떠나면서도 별을 위해
눈물로 기도의 향 적셨으니

진정으로 아끼는 것 상대를
아프게 하지 않는 것
향연 부드럽게 피어오르고

눈물이 있는 사람

나는 눈물이 있는 사람의 눈 좋아하네
상대의 심령 골수에서 우러나오는 눈물방울
알아봐 주니까

어떤 만남에도 눈물없는 벅참 없고
어떤 이별도 눈물 강 건너지 않는 슬픔 없고
사랑의 결국에도 눈물없는 이유 없으니

눈물 흘려본 사람만이
눈물 흐르는 이 끝없이
이해하여
같이 울어줄 테니까

삶의 몫

우리가 걸어온 길에
꽃이 소리 없이 피었다 진다.

과거는 그대로 묻혀도
삶의 대가는 그의 몫이라

꽃이 시들면 네가 보이듯
나도 그 안에 있으니

인생 꽃 고르게 피워
삶의 몫 다하자.

대가 없는 사랑 노래

내가 아파 쓰러질 때,
얼굴 내밀어 준
달빛 같은 나의 친구야

대가 없는 사랑이란
주고도 돌아서면 다 잊어버려
자기를 자랑하지 않아

값없이 주는 사랑 가볍고 홀가분해
꽃의 미소보다 아름다운 사람아

네것 내것 따지지 않아 받아도
미안치 않아
고운 눈빛 쌓여가니 이쁜 맘이
낳은 기적이라

대가 없는 깨끗한 사랑이여!
너로 인해 맘 넉넉해져
가난한 이에게로 옮겨가
가슴마다 정 심고

등대

너는 언제나 밝아서
외로움을 가렸다

밤마다 홀로 서서
몸을 태우는 갸륵한 헌신에

때때로 시기한 태풍 휘몰아쳐
온몸 무너뜨려도

언제나 당연히 받아들이며
눈 돌리지 않아

끝없는 가슴으로
빛을 나누는 그대여

네 삶의 길 숭고하지만
쪼개고 쪼개면 고난뿐이라
무한의 깊은 사랑이 고독한 이유를
네게서 배웠으니

아픔 삼킨 아빠 눈 붉고

어머니 미움의 노래

어머니 그때 기억 잃으셨지만
다 알고 계셨지요.

흰 꽃잎에 묻은 붉은 혈액
제 가슴에 흐르니요.

어릴 때부터 딸 보며 밉다 밉다 하시던
어머니의 한이 박힌 노래
가시고야 이해가 되었습니다.

바람길 흔들리며 걸어갈 딸 걱정이
미움의 노랫가락 되어
심장 갈가리 찢겼을지요.

아, 어머니 이제 다 잊고 본향 길
편히 오르소서

고난의 그녀 갈대밭 친구 되어
따뜻이 품고 있으니요.

꽃의 승리

최초의 꽃 새벽이슬 머금어
전생의 안개비 열렸다

날리던 수많은 꽃잎 낙화해도
낭랑한 외침 천지를 울렸으니

자신을 지켜내는 지혜로움이
지면서도 신음 청아해

네 희생의 노래 은하를 오르는
별꽃처럼 간절하여 가닿았고

깊이 뿌리내린 신실한 꽃
세상의 어떤 유혹도 싸워 내

욕망도 불의도 살라 이김의 삶
살아내려 정신 곧았으니

나 또한 눈이 어둡고 귀 가물거려도
깊은 골짝 순결하고 순결하여

오 맑게 피어오르는 기쁨이여!
그대 나를 잊지 마세요.

새벽 종소리

장독대에 달빛
정화수 피어오르고

박새 울던 그날
애끓는 임의 간구에
새벽 기도가 산 옮긴다.
금 종소리 맑고 청량해
가난한 가슴들 만지니

어두움 무녀진 창살마다
소망의 빛 은은히 퍼져 들어

넉넉히 받을 수 있는
품 안 키운다.

엄마 꽃 정 가락

엄마 눈에 눈물 꽃
그늘진 아이 작은 가슴 사무쳐
저녁에 마른 꽃
못난 아이 나무랐으니

이리 가도 저리 가도 치이는 발
아가야 왜 그리 태어나
벙어리 냉가슴 되었느냐

하늘과 땅에 그 소녀 착하고
순박해

어머니 먼 길 떠나시기 전
칠 년을 당신 치매 돌보던 손
참 아름다워라!

평생에 고향 산천에
엄마 꽃 정 가락 무궁하구나!

큰딸 목단 기다림

보고 파도 울지 않아
목단 너 기다리기에 눈이 밝아
천지가 숭고하다.

꽃샘바람에 흔들려도
초롱 비에 젖어도 눈빛 강한 너
네가 돌아올 기다림 고고하게 받든다.

누가 너에게 이런 용기 주었나.
누가 이런 믿음 주었나.

별 보고 핀 붉은 꽃송이
네가 엄마 가슴이라서
네 삶의 이유가 자식 영화라서

햇살 같은 얼굴로 포옹하려
타국의 너희 돌아올까
온종일 문밖에 기다려도
몸살 나지 않아

행운의 목단 내 사랑아
손잡고 날아날아 열나게 오소서.

내 안에 사랑 꽃

누가 심어놨는지
내 안에 사랑 꽃피었네요.

아플 때 일어나라며
고운 향기 적셔주고

슬플 때 살포시 입 벌려
웃어주네요.

나도 외로운 당신에게
시의 향기 소롯이 날리는
은혜의 사랑 꽃 될래요

네 심장에 곱게 피어나
서로 마음을 나누며
영원히 지지 않는
평생에 사랑 꽃

제 2 부

무조건적 사랑

막내딸 방에 있던 선한 단지를
내 방 화장대에 옮겨놨다.
- 무조건적 사랑 중에서

무조건적 사랑

막내딸 방에 있던 선한 단지를
내 방 화장대에 옮겨놨다.

엄마는 단지 안에
딸이 착한 일할 때의 쪽지를
하나하나 모아뒀다.

딸이 섭섭하게 할 때마다
엄마는 착한 쪽지를 꺼내 읽고
용서해 주기로 했으니

그런데 엄마는 딸이 잘못할 때마다
좋은 일 적힌 쪽지 잊어버리고
가시가 되어 찔렀다

후회의 눈물로 지워도 새 살
차오르지 않아 잘해줄 때 은혜의
단지에 모아둔 편지에

딸의 깊은 마음 지워져 눈물로 잔 나누며
사랑은 계산이 아니라
무조건 적이어야 한다는 두드림에
용서의 새집 짓는다,

첫눈 같은 손자

사박사박 첫눈 같은 너
일기장에 내려앉아
기쁨의 찬사 그려 놓네요.

네 떠나도 새록새록 기억에
눈꽃 추억 떠다니니

긴긴밤 우리들 사랑 얘기
고이고이 담아온 사연들

너는 하얀 세계에 점점이
나열된 예쁜 수채화

흠 없이 맑은 순결함
소복소복 안겨 온 귀한 선물
눈에 넣어도 안 아픈 첫정
첫눈 되어 찾아올 너
밤새 내다 보다

동그란 해에 걸린 눈동자
젖은 눈꽃 녹이네요.

가을 하늘 오를 수 있다는 생각

높아서 고개 아픈
가을 하늘

올려다보니
구름이 오라 부르네

갈대 같은 몸
땅에서도 흔들리는데
어찌 하늘을 날아

괜찮아
날 수 있다는 생각이
그대로 해낼 수 있어

긍정하니 마음 가을 하늘
날고 있잖니

할 수 있다는 생각이 세상을 지배하고

때묻은 속 나무라지 않은
너른 사랑 가을 하늘

물 사랑

구름이 길 잃었나
비에 앓은 이들 신열 오른다

비가 말라 눈물 뿌려도
기도가 먹히지 않아

목마른 이 혓바닥 닳고
갈급한 자 침 소멸되니

아파봐야 그 심정 알고
말라봐야 하늘 고마움 알아

고통이 깨달음이 되어
자신을 보게되고
이웃을 돌아본다

목마를 때 서로 돕는 물 사랑
작은 씨앗의 이치라
보석들 쏟아지고

불꽃

불꽃이 밤하늘 날아올라
자신을 아름답게 피우다
골짝에 떨어졌다

남은 불씨 너에게 옮겨가
불붙었으니

작은 불꽃 강 열하여
밤새 골짝 삼켜버렸네

까맣게 태운 몸 눈만 빛나니
천사가 내려와 옷 입히고

져야 승자

져도 아깝지 않아
좋아하는 너에게
더 지고 있어야
승자이기에

지는 것 알려준 네가
은인이야
지려고 하는 모습
홀가분해

지고 또 져야
작은 너 보이니
져야 내 것

미안했다

딸들아 오두막집에 기어들어도
투정하지 않아서 미안했다.

여학교 졸업 타던 날
운동화 뒤축이 떨어져
눈길 그쪽으로 계속 가
고갤 들지 못했었다.

못난 부모 너희가 좋아하던
통닭 한마리 사주지 못해
대학모 쓴 자랑스러운
모습에 눈물만 훔쳤다.

쓰디쓴 초행길 거친 풍파 이겨내고
당당히 선 내 굳센 딸들아
미안해 고마워 사랑해!
승리의 숟가락 드높다.

사과꽃 이해

사과꽃이 열리는 모습
첫 탄생의 아기 울음처럼 청아하다.

안팎을 구별할 수 없어 신기해
이슬에 피어나는 둥근 해 같은 모습이
꿈 머금은 네 얼굴 같았으니

고된 집념 속에 오므린 입술에
노오란 꽃술 펴는 이쁜 내 사랑아!

누구나 둥그런 가슴안에
해오름 웃음 키우고 있어

감춘 속 꽃바람에 울음 견디다
시절 맞게 떨어져서야

실한 열매 꽃집 튼실히 받혔으니
이루는 날 이해의 향기 품 넓히고

우리 만남

그리도 곱던 국화 지고 서리꽃 내리던 날
원망 품고 아프게 돌아서던 우리

다시 볼 일 없을 거라 가을처럼
홀 가벼웠다

너와 다시 해후하고 싶지 않았는데
바람에 휑한 눈 저리도 깊어 처량한지

고향도 떠나면 다 부질없다고
헤매던 어깨 시린 바람이 안는다

혹여나 만나리라 믿었던 날이
명자꽃 피니 돌아왔다고

오랜 기다림에 네 눈 따뜻해 내 마음 풀어져
우리 만남 놀랍고 놀라워서 머리에 흰 꽃
고맙다 글썽였다

봄은 아직 저만큼 있어도 가슴에 물드는
너의 꽃비

가을 남자의 병

가을 남자는 바람이 차질수록
곁이 허전해

지는 계절을 어깨에 걸치고
자주 가는 단골 선술집에서

가물가물한 얼굴 떠올리며
추억 주 따르지만

술잔에 떠다니는 낙엽이 같이 취한다

가을 남자가 해마다 도지는 병은
줄 줄 줄 떨어지는 눈물 때문이 아니라

옛사랑 부르는 허전한 배고픔이다
그리움은 마실수록 허기지니

시월의 여자는

시월의 여자는 단풍이 곱게
물드는 산 올려다보다
목이 빠진 듯 길어지고

시월의 여자는 낙엽 뒹구는 소리가
동무 노랜가 귀 먹먹하고

시월의 여자는 꽃이 시드니
죽어도 못 잊어 음표가 되었다.

시월의 여자의가슴 펼쳐보니
그리움이 호수가 되어
편지 사연 떠다녔으니

그대 미소 갈증 난 심연에
지는 꽃 향기롭게 으르고

시월의 사랑

누런 금빛 물결을 타고
가을 잠자리 찾아왔다

서풍을 날개에 달고 지치지도 않나!
저리도 동그랗게 춤추는 너

솟아라 펄펄, 날아라 훨훨
아 시월의 두근거림을
누가 사랑하지 않겠는가!

꽃바람이 연하게 날리는 저곳
그리움의 잔에 취함을 주고

붉은 단풍에 서걱대는 가슴
비틀거리어 너에게로 간다.

기꺼이 받아주려 마
거저 받으니, 자랑도 없는
시월의 사랑아

안개꽃 찬미

희미한 안갯속에서
겸허히 피어나는 꽃

햇살 아래 나직이 숨어
하얀 몸 드러내지 않고

외로이 외로이
고결하게 빛나는 백합 받드니
눈물이 진주 되고

그대가 행복해질 수 있다면
이 한 생 부풀어 오르다 소멸해도

기꺼이 내 전부를 내어주려니

친구를 위하여 숨찬 목마름 숨기고
무더기로 어우러지던 그 설렘

가슴에 환희 피어올라도
이름 없이 펼쳐진 배경 찬미하고

홍시 우정

친구여!
우리의 우정 바람 흔드니 어쩌랴,
가지를 움켜쥔 손 가없이 떨고 있어

한때는 나를 향해 온 우주를
움켜쥐듯 힘찼었는데

숯불이 뜨겁다고 떫은 피
섧게 섧게 울고 있으니

아파도 견디면 빨간 불씨에
고운 우정 영글어

네 두 뺨 저녁노을에 붉게 부풀어
우리 믿음 더 튼실해질 거야

지금, 이 순간이 힘들어도
발효되면 속살 맑아져
풍광 피어날 거라서

친구야 우리 달콤한 입술로
축배의 잔 높이 들자,

싹 난 지팡이

지팡이에 눈물 싹이 났네
아니, 아니 슬픈 꽃 피었다

신나게 여행 다니던 시절
영원할 줄 알았는데

노을 강 한탄의 눈빛에
비가 묻었다.

이러면 어떠리 저러면 어떠리
몸 바쳐주는 너 황금 다리인데

세월 길 철부지 마음에
흰 꽃! 이슬처럼 날리니
눈빛 소리 열려 미안해 고마워!

강의 도량

마음이 좁고 얕아 강을 찾았다,

출렁이는 물결에 인생길에 얻은
골칫덩어리 힘껏 던지니
물결 기꺼이 받아들였다

우러러 감사의 눈빛 소리 전하니
세상에 나와서 할 일 했을 뿐이라고
유유히 흘러가 버리는 너

하늘의 보배로운 눈물을 받아먹어서
도량이 한량없이 넓고 깊은지
너른 네 가슴에 올라
나의 무게를 단다,

여수 대교에 와보소

여수 대교에 와보소
너에게 해줄 말 있으니

여수 대교 와 보소
너에게 보여줄게 있으니

대교 앞바다 철썩철썩
아름다운 사랑 얘기
끝이 없다네
살랑살랑 대교 바람
이별 짠물 말린다네

여기 좀 와보소
대교에 꽃과 나비 삼삼하니

갈매기 끼룩끼룩
사랑실어 나른 다네.

제 3 부

이대로의 나

영원히! 이대로의 내가 될 때
세상은 박장대소의 꽃으로 피어날 테니

-이대로의 나 중에서

이대로의 나

나는 이대로 나이기를
나는 이대로 산 짐승이기를
나는 이대로 바다 고기이기를

별똥별과 눈빛이 무르익는 날에
염원이 이루어진다면

일평생 변하지 않는 소원이 되어
외워야 할 유일한 주문되리라

영원히 내가 되는 소망으로 산다면
태평양 고래같이 깊은 속 갖게 될지

한라산 백록담의 물 마시는 사슴같이
신선한 청록 샘 얻게 될지

한 송이 천리향 되어
지친 만상을 일으킬지도

영원히 이대로의 내가 될 때
세상은 박장대소의 꽃으로
피어날 테니

여수 대교의 약속

여수 대교 무지개 불빛
아름다운 언약 있다네

타오르는 노을빛의 우리 약속
가려졌나 애가 타서

다리 밑의 기도하는 마음으로
그날 노래 절절히 실어 보내도
아아, 그대 귀먹었나!
우리 사랑 저리 출렁이고 있는데

아아, 이 다리를 너와 걷고 싶어서
자리 전세 냈는데

어깨동무 정겹던 다리 밑에
휘파람 소리만 활발하게 떠다니니

정신 조각나 발 동동거리며

먼먼 은하계에 청혼의 전화
여러 통 걸고

꿈의 둥지

정든 고향 집 초가지붕 아래
삼삼한 너 보이지 않아
코훌쩍이다

다 날아갔나 눈 비비니
제비 아른거리고

이 악물어 부리를 찍어
춘삼월 흙집 알뜰히 세우니

어린 제비 위안의 노래가
스멀스멀 피어올라

파란 하늘 자락에 걸린
흰 구름에 딸려 가고

그날 희망의 정성이 이뤄낸
물오른 고향 집에
꿈의 둥지를 틀었다.

이루어질 수 없는 사랑

그녀는 몸도 마음도 가난뱅이
남자는 햇살 걷는 아이

그녀를 햇살 길 끌어들이려
매번 아침을 기다리며
바닷가 맴돌았지만

오지 않는 그녀 어느 날,
모래밭에 이루어질 수 없는
사랑이란 글자에
동백의 피가 묻었고

그때 장날

그때 장날 사람들 햇살과 같이걷다
어깨 툭툭 건드려도 웃어주고

허겁지겁 허기 채우던 아가들
새로 산 원피스 웃음꽃 선보이다
환한 배롱나무 모자 유혹하니

화분으로 곱게 화장한 엄마 눈치 보며
뒤돌아보고 또 돌아보고

아빠들 대포 한 사발에 부풀어
선심 쓰는 마음 장날 왕 납시라
부한 자 가난한 자 섞여 춤추는
자유의 쉼터에 노숙자 동전 땡그랑!

붉은 눈 배롱꽃 화들짝 놀라고

고등어 이유

너를 먹다가 가시에 찔리니
눈물 동이 난 할머니가 생각나고

너의 깊은 두 눈을 보니
막내만 챙기시며 웃던
어머니 흰 이 보이고

네 불룩한 배를 보니
아버지 젓가락으로
네 뱃살 갈가리 파서

육 남매 옹기종기
밥그릇에 올려주시던
그 찐한 맘에속 먹먹해진다.

그때는 너를 먹으면
피가 맑아지는 것보다
더 소중한 게 있었으니

등 푸른 꿈을 꾸는 것이다.

사랑의 꽃등

날마다 잠들 때 일어날 때
안부 물어줘 하루가 편하고

때때로 서로 맺힌 말 풀지 못해
오해 실 가닥처럼 얽히고설키고

한시도 네가 옆에 없으면 방 비워
놀러 온 달님 시큰둥해

보듬지 못한 고집스러움 던지고
어두운 길 달빛에 널 찾아 나선다

피맺힌 골짜기 헤매다 얼싸안고
눈물 보자기 터트려 휑한 속 달래주니

가족은 힘들 때 마디마디 빠진 뼈 매듭 맞혀
은혜의 노랫가락 날리어 가기에

넉넉한 오월 가정의 달 가슴마다
사랑의 꽃등 밝게 빛나고

그녀는 백합이었다고

그녀가 꽃이라면
백합이 되고 싶었어요.

소녀는 그땐 백합 닮은 언니의
하얀 얼굴 좋아했으니까요.

세월에 그녀는 장미가
되고 싶었어요.

시집간 동생 립스틱이 장미같이 고왔으니요.

모진 길다리 저려 저문 들녘에 앉은 그녀
비를 맞고 있었어요.

들꽃에 치마를 받쳐준 여린 손길
따뜻했지요.

세월 그림자가 여인의 어깨를 다독이며
너는 평생 꽃 중의 꽃 고은 무늬
백합이었다고

그날 비 갠 하늘에 맑은 향기가
그녀의 가슴에 살아있어 부활했기에

개 꽃

봄날에 웃음 안겨 온
네 고운 순정에 덥석 안기니
속이 강하다 해서
약함이 존재하지
않는 게 아니기에
벌건 꽃집에 혼이 나갔고

눈물의 열정 잎 샘 깨고 나와
천지에 성스러운 자태 드러내는 너

독 꽃잎 감추기까지 아픈 심성
가이없어서

눈 활짝 열어 세상을 향해 포옹하는
모든 연약한 것들까지 사랑했다.

서로의 약점을 다스려 올려주는 것
살아있는 묘약이니

해당화 사연

곱디고운 너 아파도
한 송이 꺾어드릴걸
가시가 찔러도
피해 가지 않았으면
벌써 낳았을지도

묽은 눈물이 언제
너를 피우려나

바다가 동백이 업고서있어
그늘져 가려진 해당화

움켜 진 모래 비벼
서러움 나누고

연꽃 순종

하얀 달빛에 보시시 피어나는
수줍은 연꽃
주위 넓게 품으니
보기도 아까운 고운 심성
살포시 설레네.

긴긴밤 연모하던 달빛
꽃들의 향연에 울렁대는 심경

연꽃 그만 방실거리고
이제 고개 숙이라
네 은은한 눈빛 간수 하려 마

일러준 말귀에 순종하여
미소 내리는 연꽃
새색시 숨죽이듯 해

달빛 연가 연못 고요하고

대나무

속 훤이 비워도 흠 없이 깨끗하여
잎 끝없이 피어나는 푸른 기상
빈속의 넘쳐나는 생기가
시든 세상 일으키고

사람의 보이지 않은 골수
까만 먼지 끼어 있어
속도 씻고 겉 깨끗이 닦아야,
청렴한 마음 되려니

수정 같은 생수 뿌리에서 솟아나
청옥의 보석처럼 맑고 투명하니
새 꿈 미소 머금고 구름 위
훨훨 날아올라

욕심 없는 아이의 청아한 눈빛
우는 사람들 웃음꽃 보내네,
대나무 매듭마다 청량한 기호
어두운 영혼들 길 밝히고

꽃비 감옥

창밖에 붉은 꽃이여 눈 감아요,
내 곁에 순결한 신부
눈부시게 웃고 있어요.

순수의 달님 정겨운 별님
수줍은 꽃잎 덮으니

순백의 몸짓 사랑에 취해
부한 향기 천상에 오르네요.

천사 하얀 드레스 펼쳐
방안에 신랑 신부 반기어
첫날처럼 님바라기 되라 하네요.

고결한 신부 부신 얼굴에
꽃비 환하게 피어올라

그대 감옥에 천년을 가두어도
탈출하지 않으려니
우리 낙원에서 영원히 살리

추풍낙엽

한길로만 곧게 가다
헐고 닳아도 돌볼 새 없이

일편단심 추풍에 실려 가는
꼿꼿한 절개

고요한 물결 위 처연히 몸을 던져
노 저어가니

땅을 사모하는 순정의 달빛아
하늘 덮는 넉넉한 구름아

지친 몸 운무에 기대어
능선을 감싼 오묘한 풍경
붉은 피 낭자해 신비롭구나!

낙하에 낙엽의 고된 이명
아름답게 순환되고

담쟁이 한계

벽 오르다 바람에 담쟁이 잎 찢기고 상해
힘든 외길, 조금만 가면 정상이라는데

빈들거리는 벽 싫어 아래 내려다보니
앙망하는 눈길들 있어 참고 오른다.

세월 가시길 여러 고난이 찔렀지만
오늘은 더 숨이 차 약한 무릎
주저앉을까 위태위태해

지구의 가장 슬픈 벽이라 얼마나 견뎌야
안을 수 있을까?

모나도 끝을 봐야겠지, 가다가 포기하면
변변한 열매 한번 못 맺을 텐데

삶이 살아갈수록 만만치 않다는
아버지 말씀이

한계를 넘어야 마주 오는 또 다른
한계가 쉬우니
희망은 항상 벽 위에 있다고

나의 가난함이

나의 가난함이 당신을 찾게 했습니다.

나의 지독한 어두움이 당신의 빛
만나게 해주었습니다.

당신의 신비에 알맹이 선물해 주시려
오래전 감춘 비밀 단지 열어 보여
주셨습니다.

아 놀랍고 놀라워라! 탄성이 눈 찌르고
머리를 덮였습니다.

감사합니다! 송축합니다!
영원히 당신의 처소에

국화 화병

네 화병 안 무늬 완벽하다
누가 말했나!

목이 긴 영혼에 생기 들어와도
묵은 꽃 화병만큼 빛나지 않아

너의 살뜰하고 완벽한 아름다움이
세상의 미움 아픔을 덮고

영혼이 깨끗하면 너의 생 들여다보여
티 묻을까 눈 감아버렸지

하얀 광목 이불에 한 땀 한 땀 수놓은
진한 자주빛 웃음 퍼질수록 좋았으니

화병에 솟은 국화 이파리 새롭다,

제 4 부

달맞이꽃 아픈 풋사랑

어느 날 빛의 실체가 삶의 결정체에
깊게 자리했다
- 달맞이꽃 아픈 풋사랑 중에서

달맞이꽃 아픈 풋사랑

소녀 나이 열다섯 바다와 물새와
조약돌 거부하지 못하고
그림자 되어 달고 다니다
어느 날 빛의 실체가 삶의 결정체에
깊게 자리했다

친구의 사촌 오빠 등장이 거부하지
못할 끌림으로 다가왔고
그들은 노란 날개 펼치어
넓은 터전 무한정 지배했다.

어색해도 참 따뜻했으니
어깨에 매달린 나비에 눈빛 출렁거려
모래밭에 개 눈떴고 굴의 노래에
달님 고개 숙였다

썰물이 밀려들면 소년은 소녀의
손잡아 줬고
조약돌에 미끄러지면 일으켜줘
혼자가 아닌 어울림에 감정 미묘해
오래 깨고 싶지 않았다.

방학이 끝나가자 가질 수 없는
선택 내려놓아야 할 시간
나비 꽃 두고 자기 곳으로
기약 없이 떠나니 입술 먹먹했다

후에 친구에게 소년의 소식
물었더니 풋사랑은 그대로
마음에 간직하는 거라고
언제까지나 가슴에 키운다고

친구는 그들을 위한 명분으로
쪽지를 감췄다는 것 전설이 되었으니
아! 누가 외로운 빛 마무리하려나,
그녀의 그늘에 가끔은 낯선 빛
들어오려 노력했지만

끝없이 밀어내다 밤을 새우던
눈물 출렁거림에
달빛 언약 아직 살아있다고
노랑꽃과 노랑나비로
몽우리 가슴안에 영혼까지 지어진
달맞이꽃 물오름 아프다

별꽃 이야기

그가 나를 바라봤기에
나도 그에게 눈이 되었다,

그가 나의 마음 알아주었기에
나도 그의 전부를 아꼈으니

그는 나에게 넘치는 샘! 이었고
나는 그의 물 깃는 두레박이었다

우리들 한 끗 차이인 사랑과
우정 앞에서 잣대 내려놓으니

너와 나 귀한 맘 밤하늘의 별빛처럼
거짓 없이 다 보여

우리가 키운 순수의 마음 안에
예쁜 샛별이 들어와
힘들 때 잡아주고 있어

슬플 때는 화력 꽃 되기도

황혼의 로맨스

꽃 빛 내리는 추억의 정원
황혼기의 젖은 눈빛

생각나는 그 사람 가슴에
들국화 수줍게 안겨 오는데

달빛 기우는 그늘에 일던 바람 자니
서성이던 정열의 구월 붙잡아 춤추고

생기 빠져나간 야윈 몸에 들려오는
환각 소리 꽃잎의 입 맞추던 단짝
돌아오는데

불꽃 쏘아대던 마루에 춤추는
붉은 노을이 황혼의 로맨스 피우네!

흔들리는 마음

꽃들 찬비 한 줌에도
바람 한 자락에도 흔들리고
인생들 상처 준 혓바닥과
쏘는 눈빛에도 흔들리고

낙엽 주위 서성이는 사람
혹시 옛 님인가 흔들리고
개미허리같이 가늘은 코스모스
첫사랑 닮아 흔들린다.

세상에 흔들리지 않는 것 없으니
흔들리는 마음 있기에
긴 세월 잡아주는 허리 튼튼해

기둥 내려앉지 않게
중심 꼿꼿이 세워주는
강한 인내가 네 편이다

가을 여자 여행

가을 여자는 단풍 색깔의
짙은 화장을 하고
정착지 없이 어디론가
떠나고 싶어 한다.
일상의 시간적 시계추 멈추고
내려놓은 여가를 환생시키어

마지막 기차역에서 완전한 의미를 찾아
고도의 섬에 메인 결박 풀어 던지고
스산한 낙엽 소리에 영혼을
사르고 싶어 한다.

가을 여자는 혼자일 때가
가장 아름다우니
가야 할 곳 정하지 않아도

물 따라 구름 따라 진정한
낭만의 순간 포착하고

꽁꽁 묶어 보내는 따끈한 시

옆집 감나무 마당까지 들어와 놀자 한다.
감나무에 눈이 갈 때마다
잎 사이사이로 감 달려있어
옛 기억이 새롭다.

시골살이에 아저씨와 약장사
다닐 때 집 집마다 빨갛게 익은
감이 점심 요기였는데

아마 체를 잘하는 게 남의 집
감을 따 먹다 놀라 병이 됐나.

밭에서 돌아온 주인 내외
겨우내 처마 밑에 정성껏 말린
곶감까지 내오신 달달 한 사랑

남의 것 욕심내면 벌 받는다는데
그래도 감 따 먹던 그때 나무람 없이
정 나눠준 고우신 마음들에

따끈따끈한 시라도 꽁꽁 묶어 보냅니다.

조국의 별 노래

사는 날까지 나는
조국의 별 노래하리라

빛이 어둠을 깨우듯
부끄럼 없는 이름을 위해
오랜 역사의 길 갈고닦아

선을 행하는 마음으로
모든 살아있는 영토
내 몸같이 지키리라
그리하여 닳아진 무릎으로
모든 죽어있는 것들까지
일으키려니

그대 사랑하는 내 조국이여
썩음을 당치 않으려
혼연히 하나 되어 광명의 빛
세세히 비추소서
별의 노래가 가슴마다

나무 천년 노래

밤새워 매미 울음에 귀 내어주는 나무
뽀얀 달님 입 맞추고

눈보라 비바람치고 불볕 내리쬐도
언제나 그대로 맞는 둥치의 하량에
한 줄기 빛 보라 만 리까지 퍼져간다.

저리 넉넉한 나무가 되고 싶구나,
끝없은 다스림 배워 가리다
흐르는 시간 나그네 봇짐 내려놓고서
너그러이 베푸는 그늘에 쉬어가니

인고의 가지마다 멍울 꽃 환하게 피어
복슬복슬한 열매에 먹 새 앉아
천년을 노래하누나

삶과 죽음의 방정식

부실한 과실 나무 죽기를 싫어해
뒤늦게야 햇볕과 눈비 맞아도
소생하지 못해 낙망하니

주름 많고 살갖 강한 꽃
대신 살아주겠다 나선다,
살고 죽는 게 신의 주권하에 있어

목숨을 귀히 여기는 자
아픔과 낙망의 가시 이겨내어
어두운 골짜기 동그랗게 펴고

죽는 날 받아 놓은 자
하루하루 막 살지 않아, 심장의 뜀도
미래에 생명의 별로 받는 방정식

영혼을 소중히 품어주어
따뜻한 숨결이 되고
향연이 염원의 기도가 된다.

무지개

소나기 심장 지날 때마다
괴로운 혼돈의 세상

살다가 이런 설움 몇 번이랴
네가 찾아올 때마다
서럽게 드러난 나체

아리게 피어나는 안개비에
분홍빛 우리들 꿈 멀고 아득해
옛날 동산의 혼례 치르던 동무와
풀꽃반지 찾아 헤매는데

눈물겹도록 둥글게 안는 햇살
참으로 따뜻해

빛바랜 초라한 옷 걸어놓고
바다 위 하늘 드리운 밝은 띠에
슬픔 스르르 녹는다

이런 찬연한 혼합의 무늬 어디있을까
고난 뒤에 얻은 무지개 언약의 꽃에
지친 눈 쉼이 길다

탱자 친구 사랑

탱자나무 아래 다리 아픈 아이
지나칠 때 곁이 되어준 너

해변가 탱자 나뭇길 절며 지나갈 때
이웃 동네 사내 얘들
탱자 던지며 얼레리꼴레리 놀릴 때

그러지 말라 탱자 가시 무기 삼아
애써 말리는 용맹한 군사들에
바닷가 증인 된 넉넉한 곳
친구의 사랑에 별빛 젖은 손잡는다

고향 떠나던 날 딸들 머리에
은인인 탱자나무 안고 와서
베란다 화분에 귀히 심어
상큼하게 스며드는 아몬드 향
문열때마다 오롯이 퍼지다.

아, 노란 탱자 알 빛나던 그날
놀림받던 마음 만져준 꽃향기
어떤 값에도 비할 수 없는
친구들의 최고의 선물

옛 시인의 노래되어
황혼의 눈물 골짝 적시네

사랑의 퍼즐 맞추기

사랑은 서로 반증이 있어
퍼즐 맞추기처럼 신비해

내가 좋아 매달리면 네가 밀어내고
네가 좋다 추궁되면 내가 숨고

사랑은 혼자 이뤄지는 것 아니라
두 마음이 하나로 통해야 해

인연, 퍼즐처럼 어려워도
짝 찾고 찾으면 결국 과녁 맞아
인생길 헷갈리지 않으려니
운명의 장난이라 포기 마라
사랑의 성공자 선한 꿈 심겼을지도

올곧은 터에 삶의 깃대 세워
소망 품고 퍼즐 맞추는 이여!
눈먼 사랑도 맞추리니

팔월 밤바다

물거품 부서지는 팔월 밤바다
달빛의 여울지는 동그란 미소

하늘 가신 임 그리움 쏟아내리니,
하얀빛 물살의 고기떼 몰려
갈매기 반갑다 아우성치고
모래알 뜨거워 모실 거린데

몽돌의 온새미로 개지 꽃 피고
사랑을 위해 목숨 걸던 젊은 날처럼

팔월은 왜 그리 찬란하게 빛나려
잠든 바다를 수천 번 굴리는지

파도의 우윳빛 포말 피어오르고
백조 미쁜 노래 섬사람 잠재우니

깜박이는 등댓불에 너의 안부 묻다가
뒤척이는 귓가의 뱃고동 소리
옛 순정 싣고 오네

팔월 노을

팔월 노을 펄펄 끓는 불길에 너를
잃어버리고 아쉬워 돌아보니

눈물 덩어리 쏟지 않아도 천지에 물감
흘러내려 대작을 이룬다,

바다도 그대로 물결 내어놓아
소중한 걸 얻고

붉게 타오르는 정의로운 빛 앞에
스스로 무릎을 꿇으니

어깨를 안는 넓은 우주의 품
물새 절정의 꽃밭에 날개 펼쳐

정신 홀린 사람들 하늘길 불꽃에
검은 옷 활활 태우고

연보랏빛 사과꽃 아가씨

하얀 꽃 빛 아카시아
뭉게구름 안은 사월

흰옷 빌려 입은 연보랏빛 사과꽃
아가씨 미소

살포시 유혹하는 그리움에
보리피리 삐 리 리 향긋한
곡조를 싣고서

당신 숨결 일으키고 일으키니
그날 우리 마주치는 눈빛
두 군데는 가슴을 열고

목련화 엄마의 기도

환한 봄빛 눈부셔
커다란 입술 벌린 너

아래를 내려다보니
밤새 비비며 애정을 피웠던가!
엄마 얼굴 누렇게 바래고

엄마!
이젠 가지 마세요
포근한 집 밭 터전에서
우리 꽃과 벌 되어 손잡아요,

겨우 네 굳은 땅에 쌓인 눈
사랑 초로 녹여

높고 높은 하늘 향해
영생 복락 빌어주신 당신

올해도 눈물로 지은
새 옷 입고 기다립니다,

삼월 비

삼월 비 신비로워라,
봄비라서 더 그런가!
만유가 출렁거리며
씻기 위하여 옷 벗고

푸른 살빛 꿈꾸는 초목들
제 영혼 깨우는 모습
아름답고 아름다워라,

빗방울 실안개로 피어나
품 안 가득 안겨 와
고이고이 물들여지니

늦은 비 푸른 초장 흘러들어
이파리 싱그럽게 피우는
맑은 빛 이슬이여!

따뜻한 축복의 안락이
숲 끝없이 감싸니
깨끗한 빗자루 내려오고

제 5 부

삼월 눈비와 꽃샘바람

삼월에 오는 눈은
찬 가슴 만져주는 어머니
포근포근한 손길 같다
- 삼월 눈비와 꽃샘바람 중에서

삼월 눈비와 꽃샘바람

삼월에 오는 비는 언 가슴
풀어주는 약 비이고

삼월에 오는 눈은
찬 가슴 만져주는 어머니
포근포근한 손길 같다

삼월 꽃샘바람은
어린 가지에 꽃봉오리 맺혀
잘 자라거라
빌어주는 아버지 속정 같아서
삼월 눈비와 바람
모든 피어남을 지키고

수선화 기다림

슬퍼도 울지 않는다
널 기다리기에 눈이 밝아
천지가 숭고하다!

꽃샘바람에 흔들려도
봄비에 젖어도 모가지 강하기에
기다림! 고고하게 받드니

누가 이런 용기 주었나,
누가 이런 믿음 주었나,
수선화 네가 친구 가슴이라서
수선화 네가 내 삶의 이유여서

햇살 같은 얼굴로 포웅하니
온종일 문밖에 기다려도
몸살 나지 않아

행운의 내 사랑아! 열나게 옵소서!

합심의 편지 *(천 개의 빛)*

애들아
오늘도 해가 진다, 힘들었지
그동안 너희에게 훈육했던 건
긴 날의 힘듦을 이겨내기
바라는 깊은 가슴이었다

오늘 주어진 과제가 어려워
던지고 싶어도 이겨내 씨앗 단단하니
꽃피울 거라 믿는다

너희를 위한 눈물의 기도가
적절해야 깊이 스며들어
비운 것 채워지리니

서로 신뢰로 임하는 믿음
잠깐 쌓다 놓으면 무너질 텐데

너희가 줄기 되어 받쳐줘
간절한 무릎의 나무로 자라니
얘들아! 고맙다! 사랑한다.

가치 있는 합심의 기도에
천 개의 별빛 꿈틀거린다.

봄 처녀

꽃비 휘날리는 봄날
꿈 받아먹는 눈망울에

흰 구름 몽실몽실
피어나는데

가슴을 후비는 들꽃 노래
따라가던 봄 처녀
길 잃어 하냥 헤매다,
발바닥 꽃 빛 물들어
들꽃에 누우니
초록 봄이 되고

벚꽃 인연

하얀 나라가 열려 감긴 눈 뜨인다.

은밀한 사랑 화인 맞아
잠깐 스치는 사이

꽃잎 무수히 쏟아져 우리들
쌓은 인연 한 올 한 올 풀어져

화끈하게 날아올라 놀라 멈춘 심장
부드러운 깃털 발치 어르만지고

사랑스런 당신이 내 맘에 모였으니
다시 시작되는 나의 생
환한 불꽃

신발 여정

재 넘어 봄꽃 잔치 열린다해
주인 위해 꽃구경 가는데
발 아프다! 투정해

부은 발 안은 나 가슴으로 우니
착한 새들 실바람 싣고 와
눈물 말려주네.

작은 사랑 나눔은 봄빛처럼
지친 영혼 만져줘 일으키니
한 생의 기록

길가의 풀꽃 날려 힘을 주는데
우리 만남 천생연분이라
신발 벗어 업고 가고

내 마음 아나 어깨 느슨히
내어주는 어진 사랑
그대 깊은 넓이에 발돋움하니
가지에 웃는 꽃 손 흔들어 주어

단단한 길바닥 같은 여정
보드레 풀리고

친구야!

친구야 아픈 몸 이끌고
끝까지 이기고 와줘서 수고했다
꺾일 것 같은 갈대 허리로
눈보라 헤쳐와 줘서 고맙고

사람들의 동정 눈빛에도
흔들림 없이 온 힘 다해
미래를 쌓은 너 대단하고
비웃는 눈빛도 우주의 맘으로
품어줘 우러러봤다

노을 진 길 무지한 자에 밟혀도
이해의 손 감사하다고
잘 살았다고 안아주고 싶구나!
아~아 친구야!
저무는 네 등에 햇빛 찬란하다.

화가와 시인의 풍경

토양에 피어난 화사한 산수유
그리는 화가 온몸에 꽃물 들었네.

그대 꽃 따로 피우지 않아도
환해서 좋겠다 부러워해

꽃샘추위에 네가 그리워
시의 노래 부르다
혀가 얼어 서리꽃 매달리는데

다시 너를 담아 시로 지으니
그대 그린 노란 산수유와
시인의 시의 향기가 화합해
풍경 하나 되어 찬란하게 빛나
우리 그 속에 빠져버렸네.

가난한 자에게 임하는 꽃 시

꽃잎이 낮은 곳으로 온몸 던지네요,
가난한 마음 따뜻이 덮어 주려 나봐요.

나도 모난 길 상처 난 이들에
치유의 사랑 안기고 싶어서
어린 날 일기 꺼내 솔솔 읽어주니

가슴골 사이로 개울물 따라서
양지 밭에 가난한 꽃 한 송이 피어납니다,
바람에 줄 타다 가볍게 비운 꽃비가
낮은 곳에 내려 서로 포개듯

나의 묵은 시도 심령이 비어있는
가난한 자에게 꽃으로 임하렵니다.

말대로 된다고

말대로 될 거라고 했지
누군가 안된다 할 때
된다는 생각을 가져
그러면 되어있어

작은 씨앗 꽃밭 물결치듯
도랑물 강이 되듯
술술술 꿈 풀리니

너의 된다는 믿음의 그 말
앞과 뒤, 옆 일으켜
실체로 나타난 말의 능력
막힌 골짜기 트이네

작은 혀의 모임 위대해
실행의 입 열매 달리고

몰살하는 아카시아

흰 눈물 쏟는 파도 에게
안심하라고

가슴에 피어있는 꽃잎
다솜 다솜 뿌리는 너
가시 돋쳐도
잎새가 부드러워
심성이 깊고 깊구나.

나는 철이 없어 물결에
못난 그리움만 엎질러
놓았는데

일제히 아래로 몰살해
바다를 살리는
네 꽃 이여 꽃 이여

아버지 바다

한평생 바다에서 사신 아버지
바다는 아버지 친구였다
통통배로 거센 파도 누비시며
생과 사 맡기시고 낚시줄 던져

고기 낚아 올리실 때의 뿌듯한 쾌감
물살에 뱃머리 쉴 새 없이 흔들려도
땀 찬 겨드랑이 사이로 낚아챈
고기 파닥거릴 때마다

자식들 눈망울 어른거려
눈물 비늘에 적셨던 저문 노을 길
깊은 바닷속 훑다 놓으시고
하늘로 가신 아버지 영혼

해 질 녘이면 식탁의 비린 맛 마시러
한마리 새 되어 빈 옆구리
사랑 날개 다셨네.

선인장 승하

마른 뼈 이파리 찔러도
그대 향한 연모 강해
까칠한 심성 안고서
백 리를 한숨 감추어 가고
꽃길 핏자국 낭자하니 그대 안지 못한
목마름에 비하 리오

사랑은 아픔을 이겨 꺼져가는 생명
지킨다는데
얼마나 정성 다해 보듬어야 순해지려나

저 우주에 숨죽인 주홍빛 한 자락
어둠을 뚫고 활짝 솟아나!
행복을 선보이는 아침

눈물로 승화시킨 가시 부드러워져
너는 오로지 나의 것

꽃과 사람

네가 먼저 웃어주었기에
나도 너에게 눈빛 소리 전했고

나의 깊은 속마음 읽어주었기에
나도 너의 전부를 귀하게 여겼으며

네가 온전한 꽃향기 보내줬기에
나도 새가 되어 눈물 노래 들려주어
서로 상심할 때 같이했다

밤하늘의 뭇별 감동했고
달빛 어둠 두루 감쌌으니
살아있다는 것은 아름다운 것
안팎으로 꽃과 사람
서로를 피워주려
혼신으로 사랑했으니

하나에 의미가 되었고

개나리 연가

산마다 노란 주단을 깐 무늬가
어찌 그리 신실한지
형언할 수 없는 꽃들의 정절에
쪽빛 하늘 따르네.

푸른 강에 노 젓듯 넘실대는
꽃가지가 먼저 건너간

순백의 여인 못다 이룬
인연의 업보련가!
죽은 것들 새로 피우고
노랑 병아리 눈동자 빛날 때
역경의 언덕에 봄날이 오면

비단옷 감기듯 한 곡조
오젓이 안기러니

추석 사연

수고의 추수에 먼 길 달려온
정다운 눈빛들 승리에 웃고

앉은뱅이 알찬 열매 거두지 못해
벽에 무성한 숲 그리는데

어머니 모정의 노랫가락에
곁에 있는 네가 보배라며
무릎 연연히 어루만지니

긴 밤 모녀의 속앓이 달래주려
웃다 울다 지친 보름달
비단옷에 눈물 얼룩져도

둥그런 마음 안으시는
한없이 따스운 기운에
착한 빛 깃들고

구월아 안녕

바람난 서방님 지키려
섬섬옥수 태우는 구월의 여인

그대 고운 손 임의 사랑 놓아주고
나뭇잎 절규하는 낭만의 노래
부르려무나

온 천하의 뜨거움 식혀주는 진주 바람
시월의 임 어찌 그리워하지 않으랴
가슴 졸이며 기다리던 연둣빛 꽃비
더운 기운 스며든 잔에 데이니

아픔도 이기면 해맑은 이야기 어라
긴 생명줄 이어주는 한 편의 시 가락

다시 올 계절의 울림이 되리니
못다 피운 새내기 친구
구월아 안녕, 안녕!

제 6 부

조화 꽃 위로

그 안에 몽실 대는 향기와 나누려 마
  오! 마침내 피워낸 저 황홀
    상처 아름답게 덮는다
            - 조화 꽃 위로 중에서

조화 꽃 위로

너의 빛깔 항상 변함없어 마음
요지부동할 땐 진정 너를 닮고 싶어

순수한 마음 주인 공경해
곁을 주지 않아도 온종일 기다리고

살랑대며 엉겨 붙는 먼지 방울에도
난 분분 웃고 있는 너

네 속에 흐르는 외로운 고뇌를
알아주는 이 있으려나

요즘은 푹신한 이불솜 같은 맘
사랑받으니

그 안에 몽실 대는 향기와 나누려 마
오! 마침내 피워낸 저 황홀
상처 아름답게 덮는다

댓잎 이야기

욕심껏 채우니 숨이 막혀
올곧게 살려 눈과 귀 가린 대나무

옆 지기 파란 잎 끝없이 유혹해도
속 텅 비우니 가벼워진 마음 하늘 날고

구름 닿은 잎사귀 비에 깨끗이 씻겨
이슬처럼 영롱하여라

세월 마디마디 휘는 법 배우던 대나무
둥근 게 편하다며 어깨동무하니

문이 열려 사그락사그락!
소곤대는 댓잎의 별 꿈 이야기에
보석들 비집고 들어오네,

구월산 풍경

배롱꽃 지니 여름 가려나
벌거벗은 너 간지럼 태우던
실바람에 웃던 꽃들 넉넉해라
꽃도 인생도 고난을 이기니
노래가 되더라

한여름 네가 있어 숨 쉬웠어
매미도 한몫했으니 가상해

서로 내면을 돌아보니 수심 펴져
순하게 겹친 축제에
구월산 풍경 깊어지고

그릇 의미

값지고 비싼 그릇이라도
씻지 않고 음식 담으면
먹을 수 없으니

그릇 깨끗이 씻어
음식을 담아야!

그릇도 음식도
서로 아름답게 어울려
사랑 맛 내어

순한 보약 향천리 가니
사람의 마음은 더욱 그렇다.

도의 한계

너를 생각하면 즐거운 나
도를 넘지 않는 한도에
들어가야 하니
머릿속이 시끄러울 땐 내려놓다
조용해지면 다시들인다

그러다 생각 혼돈되면
맑은 청량 수로 깨끗이 씻어
다시 너를 끌어드리고

네가 들어온 세계가 활기차
싱그러운 그림에 놀다가
주제를 넘을까!
두려워 지우기를 반복하니
애씀에 평화의 산
그대로이고

영혼이 맑은 동아리

꽃의 여왕 장미 화려한 미모에

사내들 눈 벌겋게 달아올라
찬미하여 우대하지만
발길에 인정 없이 밟히던 날
영혼이 맑은 풀꽃 하늘에서 부르네,

못나면 아픈 것 알려고도 않아
상처받음! 당연시해
피 낭자해도 고개 돌리고

장미를 위해 바치는 시가
껄떡껄떡 웃으며
알맹이 없어 날아다니니
받아주는 풀꽃반지
영혼이 맑은 동아리

어머니의 품

카스테라 속 부드러워
들어가면 갈수록 깊어
그 속에서 안식하는 혀
그렇게 빵의 깊이를 파먹으며
부드러운 질감에 길들여져
헤어 나오지 못하여

어머니의 깊은 맛이 되고
너른 품이 되니

그대 그리움의 본향이여
스치는 향내여!
정신 하나 되어 포근함 물들고

벚꽃 비의 팝콘 사랑

얼어붙은 마음 골짜기에
들려오는 봄비 소리에
막힌 귀 열리니
버들잎 긴 머리 빗는지
고운 여운에 사박사박 빗소리
붉은 뺨 식힌다.

봄비 가슴에 먼저 온다더니
몸속 사랑비 흐르는 소리가
젖가슴 간지럽힌다.

사월의 여왕 벚꽃 아가씨
꽃구름 타고 사박사박 내려와
염원의 가슴마다 축복의
세레나데 쏟아붓네요.

화끈하게 잉태한 팝콘
빗속에 사랑 톡톡 튀니
젖은 콧등 위로 꽃비가 울고

소중함의 의미

어딘가 네가 못 보는 구석에
숨 쉬고 있는 작은 벌레들
생명의 소중함처럼

오늘 주어진 일에 최선을 다한
너 한 사람으로 인하여

기름이 타는 세상은
등불이 밝다.

일등 꽃 장미

따뜻해지는 온도에
짙은 향 뿜어내는 꽃
너보다 야한 모습 어디 있을까

피우기 전부터 주위를 살피며
가시로 위험을 막으러
붉은 옷 넓게 펼치어

아픔에 몸살 난 진한 색채에
슬픔 흩어 날리니
왕나비 두 팔 벌리고

신비로 피는 고운 빛 장미
일등 꽃이여!

오, 순수 속 감춘 모순
새로이 거듭난 아름다움의 언어

언니 해당화 강

바윗돌 감싸는 연분홍 물결
타는 꽃 빛에 멀미하는데

수십 년 임 바라던 해당화
강가 노을빛의 저리도
고울 것을

언니 온화한 치마 가득
허전한 마음 채워주려
꽃송이 양껏 따 담아
사랑스런 너 기다리다

오다가 마른 속 막힐까!
가랑가랑 눈물비 받아
적시는 애틋함
붉은 강 꽃물 들었다

비의 정원

나의 사랑 수국 숨긴 몸 야위어
뿌리 약해 머리만 부풀어
파란 꽃송이 노을 지도록 날리니

세상은 모른체하고 나무라지도 않는데
비틀거린 몸 감당하지 못하고
환한 수국 부끄러워 숨는다

너의 슬픔 어찌 알았나!
눈물 보이지 않고 웃음만 한바닥
지었는데 눈치도 빠르다,

젖은 꽃잎 허물어진 맘 들켜
비의 정원에 쉬다 가자네,

눈물의 씨앗이 이룬 강

담에 눈물이 붙어 찐득거렸다
가슴에 흐르던 서러움의 비
담장 위 넝쿨 아프게 적시고

골목마다 옆구리에 책보자기 낀
오빠 언니 친구들 숨어 보며
학처럼 목 길게 내밀던
부러움에 야윈 눈빛이여

가슴의 고인 푸른 전설이
하얀 찔레꽃으로
곱게 곱게 피어나던 날

동생 손에든 내 책가방에
온 세계를 담았고
그동안 흘린 눈물 강물 되어
출렁이니
춤추는 싱싱한 너 사랑옵다

첫사랑 키스 자국

눈을 꼭 감고도 귀 틀어막아도
너에게 갈 수 있냐고

여름을 보내는 그에게 물었다,
그는 땀방울 닦으며 대답했으니

무릎 닳아 힘에 부쳐도
아무도 부축해 주지 않아도
너에게 갈 수 있어

마음을 몽땅 내어주리다
첫사랑은 능력으로 하는 게
아니라고

그의 창가에 몇 줄기의 키스 자국
세상에서 가장 어여쁜 상처

새벽 은하수

어느 날 여인의 마음에
조용히 들어온 네가
그날 웃어준 친구 같았어.
하늘엔 은하수가 행복의
다리를 놓아 건너 줬지

우리의 작은 기억마저도 소중해
가볍게 떠가는 흰 구름에
네 얼굴 실어 보내고 파

처음 널 봤을 때 가슴 쿵 하고
내려앉았지
그날 너에게 빠져버려
정신 잃어버렸어

날 향해 빛을 몰고 온 밝은
모습이 왜 그리 멋진지

새벽녘 우수로 바라봐준
수만 갈래로 빛나는
은하수 너 닮았으니

네 안에 영롱한 빛의 한 별이 나일지

나는 오늘

나는 강처럼 자유롭게
흘러가고 싶지만
제자리에서 갈망하고

나는 바다처럼 넓고싶지만
넓지 못해 두려워하고

나는 꽃 피는 들이 되고 싶으나
꽃 하나 피우지 못해 황량하고

나는 하늘을 이해하여
그 넓이와 높이를 전해주고 싶지만
늘 제자리에서 허리 굽히니

내 속 비움 그대로라
언제 온전한 바램 이 이루어질까?
하늘은 다 완성됐다! 했는데~
나는 오늘....

감사합니다.
여수시인, 임빛나리/ 임해량 拜

여수시인, 임빛나리/ 임해량 특선시집

눈물로 쓴 시집

눈물 뼈로 쓴 시,
        상처 꽃 치유 일으키니

초판 발행 2025년 11월 10일
지은이　　　임 해 량
펴낸이　　　안 명 기
표지 사진　　임 해 량
편　집　　　댕글 편집부
펴낸 곳　　　도서출판 댕글
등 록　　　제 2022 - 000018호
주소 서울특별시 강동구 명일로 27길 31
지은이 직통전화 010 - 3261 - 2768
E-Mail: jjj0527@nate.com

ISBN: 979-11-995352-0-6 (03810)

정가: 13,500원

*이 책의 저작권은 저자와 도서출판 댕글에 있습니다.
*잘못된 책은 구입하신 서점에서 교환 가능합니다.